RÉPONSE

DE M.r LE COLONEL MAGNIER, Officier de l'Ordre Royal de la Légion d'Honneur, à un écrit intitulé :

LES PROTESTANS DE NIMES ET LEURS PERSÉCUTEURS, PAR E. M. MASSE.

Omnes aliud agentes, aliud simulantes, perfidi, improbi, malitiosi sunt. CICER..

Tous ceux qui présentent des apparences trompeuses pour arriver à leurs fins, sont des perfides, des hommes faux, des méchans.

MARSEILLE,
De l'Imprimerie de DUBIÉ, rue de la Loge, n.o 15 ; près l'Hôtel-de-Ville.

Premier Mai 1819.

Les cinq Exemplaires ont été déposés à la Préfecture, conformément à la loi.

AVERTISSEMENT.

Je dois prévenir le Lecteur que je n'entends par les dénominations de Catholiques *et de* Protestans, *dont je me sers dans cet écrit, rien autre chose sinon les individus appelés par tout ailleurs qu'à Nîmes* Royalistes *et* Libéraux; *car il existe des Catholiques très Protestans en politique, comme il y a beaucoup de réformés très Catholiques en Royalisme. Je n'attaque donc point ici la masse des Protestans et j'en suis singulièrement éloigné; chacun sait comme moi qu'ils ne sont pas tels qu'on veut les représenter et personne n'a oublié qu'en* 1815, *par exemple, le Comité Royal, qui se forma à Marseille, le* 26 *juin, composé de cinq personnes dont deux Protestantes* (*) *a donné*

(*) Mr B........, Président du Conseil général du département, et Mr. R......., Négociant très estimable de Marseille.

des preuves éclatantes d'énergie, de courage, et d'entier dévouement aux Bourbons.

Sous très peu de tems j'espère pouvoir offrir au Public ma vie privée, militaire et civile; cet ouvrage, que je m'occupe à rediger, sera, je puis l'affirmer, d'une vérité frappante dans tous les détails; ceux qui y doivent jouer un rôle y seront, sans crainte, présentés sous leurs couleurs naturelles et mon pinceau ne flatera personne.

J'ai pris le parti de faire imprimer mes mémoires pendant ma vie, afin de pouvoir répondre aux gens qui voudraient m'en prouver l'inexactitude; au surplus, j'ai dû le faire parce que mon intention n'est point de laisser ce soin à mes héritiers.

RÉPONSE

DU COLONEL MAGNIER.

VEUT-ON savoir comment l'esprit de parti sait colorer ses vues intéressées, comment il cherche à excuser ses perfidies? Qu'on lise une brochure imprimée à Paris, en avril dernier, sous le titre *des Protestans de Nîmes.* Quoique l'artifice y soit bien grossier, comme il pourrait cependant faire impressiou sur les habitans du nord, dont, en raison des distances, les opinions peuvent être différentes, on pardonnera à mon zèle pour la vérité ma réponse à l'écrit effrontement imposteur de M.r Masse.

Quel nom donner à cet ouvrage, quel nom donner à son auteur ? Est-il un homme, ou quelqu'animal sauvage sous cette figure ? Parlez M.r Masse, avez vous faim de chair, êtes-vous altéré de sang ? Que voulez-vous faire, où voulez-vous en venir enfin ? Quoi ! la calomnie n'a rien qui vous effraie, vous vous en servez publiquement pour secouer les brandons de la discorde d'un bout à l'autre du Royaume ? Et vous osez nommer français ceux qui sont attachés aux principes que vous affectez de décorer du nom de *libéralisme*, ah ! vous avez bien raison de penser que mon opinion n'est point en harmonie avec la vôtre, et c'est sans doute parce que les sentimens que je me ferai toujours gloire de professer, sont ici entièrement opposés aux votres, que vous les appelez *exagérés* ; si c'est là ce que vous avez voulu dire, je suis tout-à-fait de votre avis, et la France entière, excepté vous, y applaudit assurément. Si vous avez-voulu faire entendre autre chose, quoique ce puisse être, vous deviez vous expliquer plus clairement; la liberté de la presse vous permettait de le faire et vous pouviez, comme je vais vous en donner l'exemple, parler sans rien craindre de la loi. Oui je le répéte; je me ferai toujours gloire des principes que je pratique, et pour le bonheur de mon pays, il serait à souhaiter que vous pussiez franchement en dire autant des votres; mais, vous savez trop que la chose n'est pas possible; vous savez trop que les braves citoyens du midi, que ces citoyens fidèles refuseront toujours, quoique vous fassiez, à vous, ainsi qu'au parti méprisable que vous servez avec tant d'impudence, le tribut d'estime qu'ils n'accordent qu'aux bons français; le souvenir de la conduite que vous avez tenue dans les cent jours est trop affreux, pour qu'on puisse à des tems si rapprochés en espérer déjà l'entier oubli. N'importe, vos adhérens ne doivent pas moins vous savoir gré de vos efforts pour les justifier à tout prix aux yeux de la France, de l'Europe entière, des crimes de toute nature qu'ils ont commis, et vous en recevrez probablement quelques encouragemens pour récompense de votre zèle. Ils sont si libéraux ces généreux protestants dont vous prénez avec tant de feu la juste défense! ils se sont prononcés en masse si ouvertement pour le soutien du trône des Bourbons et de la légitimité, qu'ils méritaient bien d'avoir un avocat tel que vous. Avec quel talent, quel art admirable, qu'elle extrême complaisance vous présentez comme des victimes intéressantes de leurs sentimens honorables, des traîtres et des parjures! et vous n'avez pas rougi d'être l'apologiste de gens qui se sont déshonorés à jamais par la plus infâme des trahisons, en se joignant aux troupes rebelles qui ont manqué aux premiers devoirs de l'honneur en faussant leurs serments, et vous mettez obligeamment de côté toutes les horreurs qu'ils ont commises, pour rappeler avec une affectation révoltante celles dont se sont rendus coupables, par représailles, les malheureux qu'ils pillaient et égorgeaient; comme si nous n'avions point la triste et longue expérience que dans les convulsions politiques il existe des hommes indignes de ce nom dans tous les partis. Comme si dans les scènes sanglantes dont le midi a été le théâtre, les Protestants ou les Libéraux eussent été la vertu même et les Catholiques ou Royalistes le crime personnifié. Vous avouerez que tant de mauvaise foi rend un écrivain plus que criminel, et qu'une partialité aussi manifeste ne peut que vous couvrir du mépris de toute la France. On voit bien pourtant, en lisant votre brochure, le but que vous avez voulu atteindre; mais vous conviendrez, M.r Masse, que vous l'avez manqué sous tous les rapports. Vous auriez donc beaucoup mieux fait de vous éviter le barbare plaisir de retracer à notre mémoire les tourmens et les souffrances de toute sorte que vous nous avez fait éprouver avec tant de rafinement de cruauté en 1815; vous auriez dû par respect pour le nom français, par amour pour votre pays et vos compatriotes, jeter un voile épais sur une foule de détails dont la lecture inspire d'autant plus d'horreur, qu'ils sont aujourd'hui aussi inutiles qu'ils ont toujours été faux; enfin, par intérêt pour la cause que vous voulez défendre, la prudence même ne suffisait-elle point pour vous faire un devoir, une loi, du silence et de l'oubli; car à qui persuaderez-vous, je vous prie, la vérité des faits insérés dans votre libelle diffamatoire. Admettons, j'y consens, que les bons apôtres de votre doctrine veuillent bien vous croire sur parole, tombe-t-il sous le sens que les honnêtes gens, les hommes raisonnables et vraiment impartiaux, de quelqu'opinion qu'ils soient d'ailleurs, (et il en est beaucoup sans vous compter) ne se disent au moins intérieurement : voilà la face d'une médaille, dont le revers est bien hideux sans doute. Auriez-vous cru par hazard que parce que je ne manie point la plume comme l'épée, je fusse homme à ne pas frapper bien ou mal, le revers de cette médaille ? Si vous avez compté qu'en jetant mon nom dans votre pamphlet, je n'étais point capable d'y répondre, vous avez bien mal préjugé de mon caractère, et c'est ici un véritable abus de confiance dont vous deviendrez responsable je vous assure. Et le moyen d'oublier jamais que c'est à vous que je dois l'avantage de figurer pour la première fois dans les écrits politiques qui infestent tout le royaume depuis quelques années. Tant d'attention de votre part pour ma célébrité mérite de la reconnaissance et c'est, sans exagération, un sentiment dont il me sera agréable de vous donner un jour des preuves moins équivoques que des mots.

Si c'est là ce que vous vous êtes promis, le résultat de vos soins ne sera pas perdu ; mais vous n'y avez sûrement pas pensé, le génie du mal semble seul vous échauffer ; enfant dénaturé, vous voudriez voir le sein de votre patrie encore déchiré ; vous voudriez que votre pays ressemblât à une contrée ravagée par la peste, exciter les passions, aigrir les esprit, réveiller les haines de parti, diviser de nouveau les français d'opinion et faire de tout le Royaume le théâtre d'un vaste incendie.... Voilà le seul but que vous ayez pu vous proposer, et je dois convenir que vos sentimens sont trop justes et trop dignes d'éloge pour être aussi exagérés que les miens.

En vérité, il m'est impossible de croire que vous soyez mon compatriote. Comment concevoir, en effet, qu'un français puisse par intérêt particulier ou pour servir un parti quelconque, travailler avec une rage aussi furibonde au malheur de son pays. Ce parti auquel vous sacrifiez avec tant de facilité votre honneur et votre réputation publique, aurait dû au moins se rappeler aujourd'hui que les plus grands scélérats épargnent même ceux qu'ils ont dépouillés de leurs biens. Il veut donc la guerre à mort ce parti, il voudrait donc changer la couleur du drapeau de France! car, le drapeau blanc qui flotte aux Tuileries n'a jamais été et ne sera jamais un signal de carnage et de guerre civile.

Insensés qui tenez à ce parti d'antropophages, eh quoi ! vous ne craignez point que les hommes en qui il reste encore quelque énergie ne vous fassent repentir de tant de forfaits; que les plus méchans même pour profiter des fruits des dissentions que vous suscitez, au lieu de les calmer, ne vous trompent en feignant de vous servir ? Ou si vous espérez que vos richesses vous assurent l'impunité, pourront-elles effacer la tache déshonorante qui vous rendra odieux non seulement à vos concitoyens mais encore à l'Europe et au monde entier. Il viendra sans doute un jour où plus fermes et plus puissans, les véritables amis du trône vous accableront du poids de leurs malédictions, en attendant continuez à vouloir faire accroire à qui vous pourrez qu'ils ne sont point de bons français ceux-là qui sont restés fidèles à leurs sermens et qui se sont dévoués corps et biens pour le Roi.

Je sais que vous placez bien plus haut dans votre opinion, ces gens que nous avons vu, dans nos premières secousses politiques, profiter de notre crédulité et de notre inexpérience pour extorquer des dignités en faisant le simulacre de les mépriser, et voilà ce que l'on appèle avoir un bon jugement suivant la maxime *virtus post nummos*, maxime malheureusement trop répandue dans le siècle où nous vivons, mais qui finira par faire de vous quelque chose de mieux qu'un libelliste effronté, vous encensez trop bien le veau d'or. Je vous conseille pourtant de cesser d'être coupable, il en est temps encore; on vous croira innocent dès qu'on vous verra écouter une raison qui sait à propos réprimer des désirs superflus et un espoir chimérique. Vaincre une résolution coupable est changer le crime en vertu et l'opprobre en gloire. Que ne puis-je même aux dépens de mon sang produire dans votre cœur et dans ceux de vos partisans cet heureux changement; cependant si entrainés par des vents contraires, vous ne pouvez plus retourner vers le rivage, croyez qu'il est des hommes qui sauront se servir de leurs bras pour fendre les eaux, et qu'ils feront tous leurs efforts pour mourir honorablement ou pour sauver le vaisseau de l'état.

Mais il est temps de commencer l'examen des détails qui me concernent dans votre brochure.

M.r Masse prétend page 9 de son écrit, que lors des dernières scènes de Nismes, l'effervescence était accrue par ma présence dans cette Ville, en raison, dit-il, de mes sentimens exagérés bien connus; il avoue pourtant que je n'y ai pris aucune part, et comme si cet acte de franchise lui était échappé par mégarde, il ajoute, afin d'en faire en quelqne sorte amende honorable aux yeux de son parti, qu'on doit me reprocher néanmoins de m'être montré dans les lieux publics avec le trop fameux Aurillon. Voilà j'espère, dans le sens que l'écrivain y attache, un correctif qui redresse bien la vérité de son aveu; heureusement que quelques explications rétabliront les faits dans leur état véritable.

Les observations qu'on a déjà lues peuvent suffisamment prouver de quelle nature sont mes sentimens supposés exagérés ; mais l'exposé de mes principes politiques mettra à jour d'une manière péremptoire pour toute la France, l'opinion qui me dirige et la base que j'y donne. C'est à l'homme franc et sincère à juger, si je suis ou non dans la mauvaise voie.

Lorsque l'on consulte la nature et les droits de l'humanité, le gouvernement qui laisse le plus d'égalité entre tous les Membres de la Société politique paraît le plus juste et le plus convenable. Lorsqu'au contraire on consulte l'expérience et l'histoire on est obligé d'abandonner ce principe.

J'ai traversé le fleuve orageux de notre révolution, et les eaux ensanglantées qu'il roulait sont encore devant mon œil (1). La mort de tant de français a laissé dans mon ame un sentiment trop profond et trop douloureux pour n'avoir point en exécration l'idée seule de ce fatras de principes de liberté illimitée que certaines gens voudraient encor voir revivre.

Il existe si peu de différence entre les prétentions et les manœuvres de ceux qu'on appèle aujourd'hui Libéraux et indépendans et ceux qui, il y a vingt-cinq ans, se paraient du beau

(1) J'ai perdu l'autre dans la révolution.

nom de républicain, que je regarde par le fait même ces mots comme absolument synonymes; l'indentité des principes n'est pas d'ailleurs la seule que je reconnaisse, celle des personnes est assez manifeste pour qu'on ne puisse pas raisonnablement s'attendre à nous faire donner une seconde fois dans le panneau; le piège est éventé et le temps nous a rendus sages : je rends trop de justice au caractère français pour lui faire l'injure de supposer que la masse entière de la nation ne soit pas complétement revenue de ses erreurs, malgré les sourdes menées de quelques agitateurs intéressés au désordre et au malheur de leur pays.

Ce n'est pas la liberté politique qui fait le bonheur des individus; le peuple ne la sent point : il ne veut que l'aisance et la sûreté, et certes il jouit de ces avantages dans une Monarchie dont l'action est toujours plus simple que celle d'un gouvernement compliqué par les principes plus ou moins embrouillés de la démocratie. Quelqu'avantage que puisse avoir le système libéral dans des états d'une étendue médiocre, il ne paraît pas pouvoir subsister dans de grands états. La plus belle des républiques, la république Romaine se détruisit à mesure qu'elle étendit ses limites: à proprement parler la république n'existait que dans Rome, tandis que le despotisme le plus tyrannique régnait sur les frontières. Le gouvernement Monarchique me semble donc le plus propre à tous les pays et à tous les climats, je m'explique toute fois: quand je parle de Monarchie, j'entends une Monarchie sagement constituée et soumise à des lois qui sont tout ensèmble la sûreté des Princes et des Peuples; car le pouvoir des Monarques doit être limité comme celui de Dieu par les lois qu'il s'impose lui-même, et j'ose dire à ceux que le Ciel a destinés à régner, ce que les phylosophe *Libanius* disait à l'Empereur Julien : *nec omnia tibi licere, illud ipsum imperium est.* Je crois maintenant que personne ne se méprendra sur mon opinion et qu'on saura clairement à quoi s'en tenir sur mon dévouement aux Bourbons et mon attachement à la Charte que nous avons reçue du Roi. Cette Charte à la main, ne pouvons-nous pas au surplus dire aujourd'hui de la Monarchie française ce que l'on disait autrefois des républiques, que ce sont les lois qui gouvernent et non les hommes.

Une réflexion bien capable encore de fixer invariablement les esprits, c'est que depuis trois-cents ans, par exemple, il y a eu constamment environ deux-cent Princes sur le trône; en prénant vingt ans pour chaque règne, on peut croire qu'il y a eu en tout trois-mille Monarques : eh bien, on n'en trouvera pas un seul parmi eux, pas même le Roi d'Espagne Philippe II, qui ait été aussi méchant que Tibère, Caligula, Néron ou Domitien, ces quatre monstres que l'on trouve dans le nombre seul des douze premiers Empereurs Romains. Un seul homme s'est fait Empereur des Français et à lui seul, quel mal n'a-t-il pas ſait !... (2)

---

(2) A l'instant même, je vois dans le Journal de Marseille, et des Bouches-du-Rhône, du 28 avril dernier, un article que l'on me saura gré de consigner ici : il démontre d'une manière aussi concise que possible, les éminentes qualités de la plupart des Souverains de l'auguste race qui nous gouverne.

On a dit de Robert, fils et successeur de Hugues Capet, *qu'il fut roi de ses passions, comme de ses peuples.*

On connaît assez les grandes qualités de Philippe-Auguste, sans qu'il soit nécessaire de les rappeler ici : ce fut le premier de nos Rois qui entretint une armée sur pied, même en temps de paix ; mais quoiqu'une augmentation d'impôt fut nécessaire pour l'établissement de cette mesure, il ménagea son peuple et trouva des ressources dans son économie ; il avait conçu le projet d'un hôtel des invalides, que Louis

XIV a eu le bonheur d'exécuter. Philippe fut heureux, grand et brillant, dans toutes ses entreprises: il augmenta la gloire et la puissance de la France.

Saint Louis n'a bessoin que d'être nommé. Sa piété, sa justice, sa bonté, sa popularité, sont consignées dans toutes les pages de l'histoire : on se souviendra toujours du *chêne de Vincennes*, sous lequel il donnait audience à tous ses sujets sans distinction; les champs de l'Egypte et ceux de Taillebourg attestent son courage contre les ennemis de la foi et de son pays.

Philippe-le-Bel, prince de carractère ferme et prononcé, appèla le premier les communes aux états-généraux de la nation.

Louis Hutin proclama l'édit d'affranchissement, *voulant*, dissait-il, *que dans le royaume des Francs, la réalité a ce nom*. On lit ces paroles dans cet édit: *Comme selon le droit de nature chacun doit être franc.*

Jean disait que, *si la justice et la bonne foi étaient bannies du reste du monde, il faudrait qu'on retrouvât ces vertus dans la bouche et dans le cœur des rois*: et ses actions étaient d'accord avec ses paroles.

Charle V, dit *le Sage*, fut la gloire et l'honneur de la France; prince trop tôt enlevé à la nation pour son bonheur.

Charles VII reconquit son royaume sur les étrangers, et fut surnommé *le Victorieux.*

Charles VIII étendit en Italie la gloire des armes

fait un calcul semblable à l'époque où ils ont vécu, ont regardé presque tous la Monarchie comme la meilleure espèce de gouvernement. Platon, Aristote, Xénophon, Polybe s'accor-

---

françaises; il *était si bon*, dit Commines, *qu'il n'était point possible voir meilleure créature.*

Louis XII mérita et reçut de la nation le plus beau titre que les rois puissent porter, celui de Père du peuple.

François Ier., monarque plein d'honneur et de bravoure, caractère éminemment français, *père des lettres* en France, doué des qualités les plus solides du cœur et de l'esprit; ses malheurs-même lui attachèrent le cœur des Français.

Henri IV, qu'il suffit de nommer.

Louis XIV; entouré de la gloire de son siècle, et de la sienne propre.

Louis XVI, dont chaque acte administratif fut un bienfait pour son peuple, dont l'immortel Testament prouve assez à quel point il aimait ce peuple, et méritait d'en être aimé. . . . Louis XVI, ce Roi martyr, qui prie encor pour nous dans les Cieux!

Qu'on cherche dans toutes les dynasties anciennes et modernes un aussi grand nombre de rois qui aient autant fait ponr le bonheur et la gloire de leur pays, et dont la descendance, héritière des mêmes vertus et de la même bonté, ait autant de droit à la reconnaissance des peuples.

dent sur ce point. D'où vient donc que la plupart de nos Libéraux du jour, nos fameux politiques modernes, méprisant et l'autorité de ces savans, et les leçons terribles de l'expérience et de l'histoire, semblent encore garder, comme de précieuses reliques, le levain des guerres civiles et des séditions continuelles qui ont désolé la France. Pourquoi, les malheureux, quand ils ont sous les yeux et autour d'eux l'exemple de Monarchies plus tranquilles, plus polies et mieux civilisées que les Monarchies anciennes, mettent-ils tant d'acharnement à dire et vouloir le mal. On ne peut expliquer une fureur aussi aveugle que par la folie.

Je ne puis espérer que mon raisonnement les guérisse : ils ont le cœur gangrené ; mais par l'intérêt que je prends à tous mes compatriotes je ne peux m'empêcher de leur rappeler la fable suivante qui trouve naturellement sa place ici.

« Un jour Jupiter ordonna que toutes les bêtes de somme vinssent se faire ferrer; les Anes seuls s'y refusèrent, en représentant que leur loi ne le leur permettait pas : eh bien, dit le maître des Dieux, on ne vous ferrera point, mais, au premier faux pas, vous aurez cent coups d'étrivières. »

Je ne tire point la morale de cet apologue, elle est si facile qu'il n'y aura à coup sûr que ceux qui le voudront bien qui s'y tromperont. Il est bon d'ailleurs de laisser quelque chose à déviner au lecteur : c'est le meilleur moyen de lui faire faire des réflexions.

Mes sentimens exagérés sont bien connus maintenant, et j'en dormirai d'un sommeil plus doux; mais, toute ironie à part, je le demande à la saine raison, à la juste impartialité, dans quelle intention, si je n'ai pris aucune part aux événemens de Nîmes, se fait-on un malin plaisir de dire que j'y ai participé par ma présence?

On avouera qu'il y a là d'autant plus de méchanceté que l'on sait très bien que des affaires personnelles et d'intérêt ont été le seul motif de mon voyage en cette Ville ; que j'y suis arrivé le 3 mars dernier, et que le 5 j'en suis parti pour revenir à Marseille, où j'ignorais absolument avant mon départ ce qui se préparait à Nîmes. Les factions ne se sont mises en mouvement que le 7 et jours suivants, et j'étais loin, alors, de savoir ce qui se passait entre les deux partis, je ne l'avais même pas prévu : or, si j'étais si exagéré dans mes sentimens que Mr Masse se plait à le dire, n'aurais-je pas au moins connu l'ordre du jour, ne serai-je pas resté á Nîmes, pendant les troubles, n'aurais-je point agi enfin ? La réponse est ici si simple et si juste, que je défie toute la logique de Mr Masse et de ses semblables de détruire la force naturelle de la conséquence qui en résulte.

Quant aux lieux publics que j'ai fréquentés, n'est-ce pas ce que fait ordinairement tout individu étranger dans une Ville ? J'ai eu, dit-on, le tort de m'y trouver avec le trop fameux Aurillon. A cette époque, je ne le connaissais encore que de nom et de figure, et je déclare que je ne lui ai jamais parlé que depuis mon retour à Marseille ; pourquoi donc veut-on faire entendre que je l'ai fréquenté à Nîmes, quand ce fait est absolument faux ? Mais il fallait faire refluer en quelque sorte sur moi une partie de l'horreur que doit inspirer l'action de froide barbarie imputée par M.r Masse à M.r Aurillon ; il fallait, n'ayant aucune prise sur moi, accoler mon nom à côté de celui qu'on flétrissait ; il fallait enfin, tout en disant que j'avais été un être passif dans les scènes dont on parle, faire entendre pourtant que j'y étais pour ma part, malgré l'alibi qui n'a pas permis de m'adresser un reproche direct.

Quoi, M.r Masse, vous trouvez étonnant que M.r Aurillon et moi, par exemple, ayons pris des rafraichissemens dans le même café, à la même heure, et, il y a plus, à la même table peut-être : est-ce que le hazard n'aurait pas pû faire que vous y fussiez-vous même, comme il a fait, dites-vous, que M.r Aurillon s'y est trouvé. Il semblerait dès-lors d'après votre manière de voir, que le plus honnête homme du monde deviendrait coupable de se trouver dans un lieu public, et sans le savoir, à côté, je le suppose, d'un forçat échappé du Bagne. Voilà des sentimens d'une modération remarquable.

Comme il n'y a qu'un homme aussi lâche que méprisable, un ancien chef d'administration publique, trop connu hélas dans le département du Gard, et dont je rougirais que le nom souillât ma plume, qui ait pu vous engager à rédiger, tel qu'il est, l'article qui me concerne dans votre Libelle, c'est à lui bien plus qu'à vous que j'impute tout ce qu'il présente d'odieux. On sait heureusement que les injures de secte et de parti ne sont ni des raisons ni des insultes, et que ce sont des termes qu'il faut permettre comme on permet à un turc d'appeler les Chrétiens infidèles. (3)

---

(3) Cet article ne peut avoir d'autre objet que de justifier les mesures arbitraires prises dans le temps contre moi au mépris de ce que nous avons de plus sacré, LA LIBERTÉ INDIVIDUELLE garantie par la Charte; la plainte publique que j'ai portée à cet égard, (comme on le verra par la pièce mise à la suite de la présente réponse), appuyée sur des faits notoires et des pièces authentiques, ne souffrait aucune replique jusqu'à ce qu'une occasion y donnât prétexte, et on l'a trouvé ce prétexte dans les derniers troubles de Nîmes auxquels je suis en tout aussi étranger que l'arabe du désert. Il sera aisé de voir par la nature de cette plainte qu'il convenait d'y répondre tôt ou tard, et qu'il était sur-tout indispensable de prouver qu'on n'avait point eu tort d'en agir comme on l'a fait envers moi. Tel est le but évident qu'on s'est proposé

C'est sûrement à la même autorité que Mr. de Chazelles, remplissant, par *interim*, les fonctions de Préfet à Nîmes, en l'absence de Mr. D'argout, doit le reproche du peu de fermeté qu'il a déployée dans ces dernières circonstances, et que Mr. de Pange, au contraire, doit attribuer les éloges qu'on prodigue à l'énergie dont il a fait preuve. Ces deux derniers personnages ayant été nommés en même temps Pairs de la *nouvelle Roche*,

---

en me faisant le reproche de m'être montré avec M. Aurillon. Fait qui, je le repète, est aussi faux qu'éfrontement calomnieux.

A l'égard d'un bal donné par la Commune, et où M. Aurillon aurait été invité et bien accueilli, cela peut être, je l'ignore, mais pour mettre chacun à portée de bien juger les individus, et pour rendre en même temps justice à la masse des habitants de Nîmes, n'aurait-on point dû ajouter que pas une seule personne de l'nn ou l'autre parti n'a voulu adresser un mot au Préfet d'Argout, qui s'est présenté à ce bal et qu'il y a été reçu par tout ce que le calme du silence le plus absolu peut avoir de plus expressif en pareil cas.

on sent assez, sans qu'il soit besoin d'explications, que les choses ne pouvaient aller autrement.

Mais ce qui mériterait des éclaircissemens de la part de Mr. Masse, c'est le paragraphe où il rappèle, avec une feinte adresse, l'arrivée inattendue de Mr. le Duc de Richelieu à Nîmes, au moment même des scènes qui ont donné lieu au pamphlet auquel je réponds. Il suffit de lire ce paragraphe sans conséquence pour être fixé sur l'esprit qui l'a dicté ; je ne veux point approfondir dans quelles vues il a été fait ; on le jugera; pour moi je crois devoir garder ici le silence par respect pour le caractère éminemment français de Mr. de Richelieu, dont le nom seul rappèle toutes les vertus. Je voudrais seulement savoir si Mr. Masse aurait mis la même simplicité, s'il eut eu à faire connaître au Public, le passage par Nîmes, de Davoust ou de Suchet,

Duc d'Albufera, (à qui conviendrait beaucoup mieux le titre de Duc de Bédouin.)

Mr. Masse prétend que de ce que le sieur Dupont, avait coutume de dire qu'il couperait les Bonapartistes et les Protestans en *trois morçeaux*, ce qui signifie *très taillons*, ce Sobriquet patois lui est demeuré. Il est aisé de concevoir que Mr. Masse ait saisi avec empressement une origine aussi heureuse pour donner une idée du féroce Trestaillon, il est malheureux qu'elle ne soit point exacte. La vérité m'oblige donc ici à faire connaître d'où est venu au sieur Dupont le sur-nom qu'on lui a donné.

N'étant encore qu'un enfant, il avait l'habitude, quand sa mère partageait entre lui et ses frères quelques alimens par égales portions, de dire qu'il voulait pour lui seul *très taillons* c'est-à-dire *trois parts* : or comme on mange tous les jours, tous les jours Dupont faisait la même demande, les enfans de son âge et du voisinage qui riaient de l'entendre demander toujours *très taillons* finirent par lui en donner le Sobriquet, qui lui est resté. (4)

Ces détails dont la notoriété publique à Nimes, garantit assez l'authenticité peut servir à prouver avec quelle avidité l'esprit d'opinions cherche et saisit tout ce qui peut jeter de l'horreur sur le parti contraire, il est possible au reste que Mr. Masse ait été trompé dans les explications qu'il a reçues à ce sujet, comme il l'a été sur la vérité des faits qui me concernent dans son écrit. Dans ce cas il

---

(4) Dupont, dit *Trestaillons* et Graffan, d'Uzés, dit *quatre taillons*, ont été conduits à Riom, départemens du Puy-de-Dôme, à la satisfaction des Protestants de Nîmes, où ils ont subis un jugement pardevant la Cour d'Assises du lieu, qui a prononcé leur innocence.

Mr. Masse ne calomnie pas seulement Dupont et Graffan, mais encore le sanctuaire de la justice.

n'en serait que doublement coupable, puisqu'il aurait négligé de prendre, avant d'écrire, des informations exactes; aussi ceux qui ne l'ont pris jusqu'actuellement que pour un méchant, le traîteront encore de menteur. Il est facheux pour lui qu'il ne se soit pas mieux rappelé ce que personne n'a oublié : qu'un menteur n'est pas cru lors même qu'il dit la vérité.

Le passé ne suffisant point, à ce qu'il paraît, à Mr. Masse, il se perd dans l'avenir et il nous dit du ton persuasif d'un charlatan qui veut débiter ses drogues, dont l'efficacité paraît justement suspecte, que les nouveaux Pairs sont autant au-dessus de ceux de la vieille roche par leur importance réelle que par la considération qui s'attache de plus en plus à leur dignité. Il faut bien ici l'en croire encore sur sa parole, puisque les premiers de ces personnages, à peine assis sur la chaise curule, n'ont encore rien fait de remarquable, c'est-à-dire depuis leur élection ; on se doute bien qu'ils doivent avoir déjà fait beaucoup pour être arrivés là où on les a vus parvenir en masse si subitement.

Le jugement prophétique de Mr. Masse est si offensant pour les Doyens de la Chambre haute, qu'il est impossible de ne pas ajouter aux deux épithètes de méchant et de menteur, qu'il s'est justement acquises, celle que lui mérite un indécence que rien ne peut excuser. Le temps est un grand maître, il serait curieux que notre siècle, déjà si fertile en grands hommes (compris ou non, Monsieur Masse), après avoir fourni tout d'un seul coup à la France une soixantaine de Pairs comme on n'en a jamais vu, nous réservât de voir les miracles que semble nous prédire un nouveau Nostradamus ; qui Vivra, verra. Puissent ces fameux Pairs faire le bonheur de notre pays, personne ne le désire plus sincèrement que moi.

Après avoir parlé de ces personnages importans, il est bien naturel de dire un mot des députés qui ne le sont pas moins et qui ont si bien répondu à l'attente des bons citoyens en rejettant la proposition de Mr. le Marquis Barthélemy ; aussi de quoi va-t-il s'aviser quand il est si facile aujourd'hui d'avoir de bons représentants. Quoi, de plus simple, en effet, que la pharmacopée politique suivante, dont voici le récipé qu'on ne peut rendre trop public dans l'intérêt de la France.

Menaces . . .	1 gros.
Promesses . .	1 gros.
Impudence .	sans mesure.
Astuce . . .	100 scrupules.
Patentes . .	à discrétion.

Mais Mr. Barthélemy ignorait encore que toutes ces drogues se trouvassent et se distribuassent gratis *pro deo et patriâ* du matin au soir dans tous les chefs lieux de Préfecture, et qu'en mêlant subtilement le tout ensemble on a maintenant d'excellens députés, on ne peut pas tout savoir, et sans doute à présent il est tout-à-fait fixé sur la perfection de la loi dont il demandait la modification; il est bien convaincu que dans nos élections le loup dévorant ne se revêtira plus de la peau de l'innocent agneau; que l'honnête artisan, le simple fermier, le bon marchand auront l'expérience et la capacité nécessaires pour reconnaître le fourbe sous le déguisement qui le cache, et voilà comment on peut expliquer que tel, par exemple, qui aurait choisi un ambitieux prêt à tout sacrifier à sa fortune, ne donnera plus désormais sa voix que pour un homme zélé pour sa patrie; il est vraiment étonnant qu'une chose aussi claire ait pû faire l'objet d'une discussion aussi vive, pour moi je suis si frappé de l'excellence de la marche actuelle que, je suis assuré que le caractère national ne se définira bientôt plus chez nous qu'en disant comme en Angleterre d'un député à élire. Quel homme est-ce ? Et non plus comme autre fois, est-il bien avec les Ministres ?

J'ai déclaré en tête de cet écrit que je n'entendais autre chose par la dénomination des Protestans, si non ceux de ce culte qui à Nîmes désignent toujours les vrais amis du Roi par le nom des Catholiques, et qui les ont en horreur par suite d'un fanatisme politique auquel ils cherchent à mêler celui bien plus coupable et bien plus dangereux encore de la religion, puisque celui-ci ne peut être arrêté ni par aucun frein, ni par aucune loi, ni par aucune raison humaine ; en un mot, je ne veux indiquer par le nom de Protestans que ces gens qu'on eut appèlés terroristes en 1793, sans attacher aucune autre idée à ce terme, je ne m'en suis servi même que parce que M. Masse l'a employé, avec cette différence néanmoins, que je n'y donne absolument qu'une acception politique, si je puis m'exprimer ainsi. Je respecte la religion réformée autant que la mienne propre, nos institutions les protègent également; et l'enfant de Calvin comme le catholique sont à mes yeux dans le même cadre, lorsqu'ils sont honnêtes et bons français tous deux.

Au panégyrique brillant que Mr. Masse fait de la religion des Protestans et d'eux-mêmes, et au ridicule impie dont il tâche de couvrir le culte de ses pères et les catholiques, ne pourrait-on point en quelque sorte le traiter de rénégat? On en serait vraiment tenté. Ce serait alors la quatrième épithète qu'il aurait justement méritée. Quoiqu'il en soit, je puis bien me permettre de citer ici pour contre balancer son opinion que, fut-elle vraie, il aurait toujours tort de rendre publique, la réponse naïve d'une Reine d'Angleterre à laquelle on demandait son avis sur un tableau de Calvin qui était sous ses yeux: je ne suis point surprise, dit-elle, que cet homme n'ait rien fait qui vaille, il ne regarde point à ce qu'il fait; Calvin était représenté la plume à la main et les yeux au Ciel.

Je n'attache pas plus d'importance à cette réponse qu'elle n'en mérite, parce que je suis loin de penser comme Mr. Masse qu'un mot méchant soit toujours vrai. C'est là la première raison que j'oppose à tout ce qu'il a dit pour établir l'excellence du protestantisme sur le catholicisme.

Toutes les religions sont respectables, pourvu que leur Doctrine le soit en même tems. Voilà mon avis sur cette matière. Quant au plus ou moins d'estime qu'en méritent les apôtres, c'est de leur conduite seule que la chose doit dépendre, et puisque M.r Masse a touché ce chapitre à sa manière, je vais tâcher d'éclairer par un trait la religion de ceux qu'il appèle catholiques, sur la façon dont ceux que je nomme Protestans mettent la morale en pratique. J'ai été témoin oculaire du fait que je porte à la connaissance du public; c'est par ce motif que je le choisis de préférence à tout autre.

Je me trouvais à Nîmes en 1815, à l'une des époques les plus malheureuses pour cette Ville, pendant les cent jours; ma tête y avait été mise à prix par des Cannibales, et je m'y tenais caché, lorsqu'on vint m'apprendre dans ma retraite que les protestans, à la suite d'un banquet somptueux donné par eux au 63.e régiment de ligne, venaient de conduire leurs femmes et leurs filles à la caserne, pour se livrer avec la troupe à l'excès de la joie que leur causait le nouvel ordre des choses, l'on ajouta; qu'au moment où l'on me parlait, on parodiait, dans cette caserne, par espèce de divertissement *libéral*, la fameuse aventure du comte Orry.

On s'imagine bien que je donnai à des propos de cette nature les noms qu'ils méritaient ; je refusai d'abord d'y ajouter foi en les taxant de calomnie fanatique, cependant la ferme assurance avec laquelle on persista à soutenir qu'on ne me rapportait rien que de très positif, rappela à ma mémoire ce vers si connu de Boileau.

Le vrai peut quelque fois n'être pas vraisemblable.

Je prends alors la résolution subite de me convaincre par moi-même de l'exactitude des faits : je me déguise de manière à ne point être reconnu, je marche droit à la caserne, j'y entre malgré les risques que je cours, je pénétre par-tout à la faveur de mon déguisement et je vois.... ce qu'ici je dois taire.

> Car il est des objets que l'art judicieux
> Doit offrir à l'oreille et refuser aux yeux.

Le spectacle dégoutant dont j'avais été témoin porta mon indignation à son comble ; je revins chez moi épouvanté de tous les excès que peut justifier à ses propres yeux le fanatisme du parti libéral : *ab uno disce omnes.*

Tant d'infamies de la part d'une faction dont on vante si haut la pûreté des principes et la noblesse des sentimens, trouveront sans doute des incrédules, cela se conçoit aisément, pourtant, voilà ce que j'ai vû.

Sans revendiquer ici le témoignage de l'heureux régiment alors en garnison à Nîmes qui, prévenu de la visite des Dames Protestantes, s'était, m'a t'on dit, *mis sous les armes* pour les recevoir convenablement ; je me contenterai d'en appeler aux Protestants eux-mêmes, à leurs femmes, à leurs filles. Qu'ils parlent, qu'ils me contredisent. Faisons plus, parmi ce sexe aimable, choisissons la première personne venue, prenons au hazard, par exemple Mademoiselle de Seyne, dont la sincérité impartiale doit m'être suffisamment garantie par les principes sévères de pudeur et de sagesse que tout le monde lui connaît : qu'elle dise si j'en impose ? Je ne le crains point et suis bien assuré d'avance qu'elle ne pourra s'empêcher de dire : le Colonel Magnier n'est point un calomniateur et j'avoue, hélas ! pour mon compte particulier, qu'il n'est qu'un médisant aussi franc que possible. J'ai vu la vérité *toute nue*, je l'ai dite, actuellement la Garde qui pourra.

Qu'on juge maintenant laquelle des deux factions qui agitent les habitans de Nîmes pousse, le plus loin, l'exagération des principes et des sentimens. Honneur mille fois honneur à la liberté de la presse qui permet de mettre au grand jour des faits aussi caractéristiques des excès auxquels la fougue du délire politique peut entraîner. Expérons que le trait historique que l'on vient de lire pourra servir de leçon aux fanatiques de toute espèce : ce motif, plus que tout autre, peut-être, m'a engagé à raconter l'histoire scandaleuse de la caserne, parce que je crois que dans toutes les guerres civiles, dans toutes les révolutions violentes qui depuis vingt-cinq ans ont mis dans un danger continuel le repos et la tranquillité de la nation, chacun pourrait alléguer en faveur de sa cause, sinon des argumens de cette nature aussi justement épouvantables, du moins aussi plausibles. Penser autrement ce serait dire que la moitié de la France a toujours été folle pour ne rien dire de plus, et l'on sait malheureusement combien l'on se tromperait.

En bornant ici tout ce que je me

suis vu, malgré moi, forcé de dire pour réfuter ce qui peut me concerner directement dans l'écrit de Mr. Masse, je ne puis mieux faire que de conseiller, à quiconque aime son pays, de travailler plus que jamais à la réunion des partis ; seule, elle peut entretenir et étendre la perspective de l'heureux avenir que tout français doit espérer du gouvernement des Bourbons.

Pour hâter une fin si désirable, je ne connais point de méthode plus efficace que de saisir un juste milieu dans les disputes ; de persuader à chacun qu'il n'est point impossible que son adversaire ait raison sur quelques points ; de discuter toujours le livre de l'expérience à la main ; de ne jamais provoquer le parti opposé par des insultes et des calomnies ; de répondre à ces dernières sans rappeler le souvenir, (à moins, comme moi, d'y être obligé pour sa défense), de malheurs communs qu'on doit, pour cette raison, chercher en commun à ensévelir dans l'oubli; de pèser dans une balance équitable le blâme et la louange qu'on distribue aux partis, et de s'opposer enfin à tout triomphe insultant et déraisonnable d'un de ces partis sur l'autre. Ce moyen de rapprocher les esprits est bien préférable, selon moi, au zèle trop actif qu'on trouve dans les partisans de certaine opinion, zèle très propre à en produire un tout ensemble dans ceux qui ne pensent pas comme eux ; je crois que tout bon français sera de mon avis.

Un motif sans replique qui doit l'engager à se soumettre avec sincérité à la Charte et au gouvernement des Bourbons, c'est que d'un côté les anciennes prérogatives de la Couronne dont on a tant effrayé le peuple, sont anéanties sans retour, et que de l'autre, la nation jouit de tous les privilèges qui lui ont coûté tant de sacrifices. Le temps seul peut mettre un terme aux persécutions arbitraires que des Ministres font éprouver à des individus qu'ils craignent, ou dont ils ont à se plaindre personnellement, parce que le calme et la tranquillité rétablis parfaitement, permettront à ces individus d'élever la voix, de se faire entendre et de demander compte aux dépositaires de l'autorité, des actes injustes ou perfides qu'ils commettent, sans doute, à l'inçu d'un trop bon Roi. Je le repète, c'est du temps seul que nous devons espérer le remède à nos maux : pressons donc de nos vœux la marche du temps.

En reflèchissant aux raisons secrètes qui peuvent diriger les actes arbitraires dont certaine classe d'individus est la victime aujourd'hui, (et je suis une de ces victimes), on trouverait peut-être le mot d'une énigme terrible pour la France ; mais ce mot terrible ma plume se refuse à le tracer. Il n'appartient point à un Colonel de battre la générale, laissons ce soin aux gens du métier, puisqu'il y en a, et contentons-nous pour finir cet article de mettre sous le yeux du lecteur l'épître dédicatoire suivante, qu'en 1675, fit Guillaume Barclay à Charles II, à propos de la persécution des quakers en Angleterre.

« Tu as goûté, dit-il au Roi, de la » douceur et de l'amertume, de la » prospérité et de grands malheurs, » tu as été chassé du pays où tu règnes; » tu as senti le poids de l'oppression » et tu dois savoir combien l'oppres- » seur est détestable devant Dieu et » devant les hommes ; que si après » tant d'épreuves ton cœur s'endur- » cissait et oubliait le Dieu et les hom- » mes qui se sont souvenu de toi dans » tes disgrâces, ton crime en serait » plus grand ; au lieu donc d'écouter » les flâteurs de ta Cour, écoute la » voix de ta conscience qui ne te flâ-

» tera jamais, je suis ton fidèle ami » et sujet. Barclay ». Le style mâle et franc de cet écrit frappa le Roi et la persécution des quakers cessa.

La justice de Charles II, envers les quakers doit faire espérer qu'un jour les véxations auxquelles les Royalistes sont en butte auront enfin un terme, il serait temps et ce serait bien à désirer. Personne certainement n'est plus fondé que moi à demander justice, quand après vingt-trois années de services, neuf blessures reçues au champ d'honneur dans quatorze campagnes, quand, après avoir tout sacrifié en 1815 pour la défense de la légitimité, je suis illégitimément privé depuis quatre ans et *de toute solde de retraite et de tout payement de mon traitement d'Officier de l'Ordre Royal de la Légion-d'Honneur.*

Mais comme si ce n'était point assez, on me soumet encore, sans aucun jugement qui l'autorise, à la surveillance, aussi indécente que publique, d'une police dont les formes et les procédés sont souvent plus qu'acerbes.

Et que veut-on donc de moi? N'est-on point satisfait du jugement honorable du Conseil de Guerre par devant lequel on n'a point rougi de me traduire en 1816, à l'effet de me justifier des inculpations atrocément calomnieuses dont on avait cherché à flêtrir ma réputation? N'est-on point satisfait que ce Conseil ait, en m'acquittant à l'unanimité, reconnu et la droiture de mes principes et la pûreté comme le désintéressement de mes sentimens et de mes actes militaires. L'hommage public rendu à cette époque à mon caractère, ainsi qu'on le verra par la pièce que je joins à la suite de cette réponse, ne peut-il donc désarmer cette calomnie et la méchanceté? L'animosité de parti prétend-elle aller contre des faits aussi notoires, aussi authentiques, voudra-t-elle enfin dans son aveuglement chercher à établir, qu'ils n'ont point été sincères les cris d'allégresse de l'immense population de Marseille lors de ma mise en liberté ? Expressions touchantes d'attachement qui ont si heureusement rappelé à ma conscience la vérité de ce vieil-adage, que la voix des peuples est la voix de Dieu lui-même.

Des témoignages aussi vrais de l'amitié et de l'estime du peuple peuvent n'être rien pour M.r Masse et ses semblables, mais moi j'y attache trop de prix pour n'y être point aussi sensible qu'ils le méritent, je n'en perdrai jamais le souvenir, et il me rend heureux même par les larmes d'attendrissement qu'il me fait souvent répandre. Bons Marseillais, dignes habitants de l'excellente Ville que le farouche Monsieur Masse traite de barbares, d'ames féroces et sanguinaires, qu'il verse sur nous tout le fiel que sa bouche impure distille, toute la France, toute l'Europe entière connaît votre dévouement, votre bravoure et votre générosité : on sait que c'est à ce sentiment d'humanité si naturel à un peuple franc, qu'au jour malheureux si souvent cité du 25 Juin, des milliers de rebelles armés ont dû leur salut, quand le Roi vous ordonnait de courir sus . . . . . . et si votre bras vengeur du crime s'est appesanti sur des misérables en délire, quelques fanatiques égyptiens, on sait encore que la loi cruelle de la nécessité en a fait à vos cœurs un devoir aussi pressant qu'indispensable. Mais encore une fois que veut-on de nous, que veut-on de moi? Se pourrait-il que vivant tranquille sous la sauve garde de l'honneur, le calme qui me distingue aujourd'hui épouvantât M.r Masse? Voudrait-on me ravir cet honneur, le plus précieux, comme il est aussi le seul des biens que je possède, que j'ai conservé dans toutes nos tourmentes politiques? Voudrait-on me forcer à le compromettre, en exaltant le désespoir de l'homme paisible qu'on calomnie et qu'on vexe de toutes les manières possibles? Qu'on ne l'espère point; le nom que je porte m'en est un sûr garant.

Celui qui a combattu dans les sables brûlans de l'Égypte et de la Syrie, dont les Pyramides ont reçu le salut militaire et dont les armes ont brillé à Jaffa et à Abouckir; celui qui a combâttu dans les montagnes arides de l'Espagne, aux ponts d'Arcole et Lodi, dans les plaines de Castiglione, à Marengo et tout récemment sur la rive droite du Rhône, avec un dévouement qui n'a pû être arrêté que par l'ordre exprès de S. A. R. Monseigneur le Duc d'Angoulême, celui-là, Français, je vous le demande peut-il craindre d'être déshonoré ou se déshonorer jamais?

Si le gouvernement, (ce que je ne puis croire) pouvait me refuser par une ingratitude inouie la récompense due par justice à mes services, loin de devenir, par vengeance, turbulent politique, on continuerait à me voir, en attendant le jour de la délivrance, donner l'exemple de la résignation et de la grandeur d'ame, et plutôt que de solliciter en rampant le noble prix de ma vie militaire, on verrait le Colonel Magnier réduit à la misère, l'orgue sur le dos et le signe des braves sur le cœur, tenant tête à la mauvaise fortune, gagner à la sueur de son front le pain qu'il attend encore après l'avoir gagné au prix de son sang.

Le Colonel MAGNIER,

Officier Royal de la Légion-d'Honneur.

Marseille, le 22 Novembre 1818.

A Monsieur le Rédacteur *du Provincial*.

MONSIEUR,

Votre ouvrage, consacré à la défense de la Charte et des droits politiques, doit, par cela même, être ouvert aux plaintes légitimes que je suis dans ce moment, autorisé à former contre un acte arbitraire dont j'ai été victime. C'est donc avec confiance que je vous adresse la réclamation suivante, et que je vous prie de l'insérer dans votre prochaine livraison.

Agréez, Monsieur, l'hommage de mon estime et de ma considération distinguée.

LE COLONEL MAGNIER,
Officier de la Légion-d'Honneur.

Muni d'un passe-port que j'avais obtenu, avec quelque peine, de la Mairie de Marseille, le 17 mars dernier (1), j'étais

(1) Après plusieurs démarches infructueuses, pour

parti dernièrement pour Nîmes, où m'appelaient des affaires. J'arrivai dans cette ville le 5 novembre ; j'y étais seulement depuis cinq jours, lorsque la police, *qui avait eu connaissance de la minute précise de mon arrivée, dépêcha vers moi* un de ses Agens accompagné de deux Gendarmes ; ces Messieurs me surprirent au moment de mon déjeuné. Ils me sommèrent de les suivre. Un peu étourdi de cette brusque sommation, je leur exhibai mon passe-port, et leur demandai si, pour me contraindre *légalement*, ils étaient porteurs d'un mandat d'arrêt ou d'amener, ou tout au moins d'un ordre signé de l'Autorité. Sur leur réponse négative, je refusai de les suivre. L'Agent de police, me laissant alors sous la garde des deux Gendarmes, se retira pour aller sans doute faire part de mon refus au chef

---

connaître les motifs du retard que l'on mettait à me délivrer un passe-port, et au moment où j'allais rendre mes plaintes publiques, j'ai reçu de Mr. Berenguier, Commissaire de Police, un billet à la date du 7 février, par lequel il me donnait avis que, d'après l'autorisation de Mr. le Préfet du département, je pouvais me présenter à l'Hôtel-de-Ville, où le passeport me serait délivré.

qui l'envoyait. Une heure environ s'était écoulée, quand le Sieur *Verret*, Commissaire de police, entra dans l'appartement où les Gendarmes me gardaient toujours à vue. Fort ou fier de ses instructions secrètes, le Sieur *Verret* me somma de le SUIVRE AU NOM DE LA LOI : ma réponse fut la même que celle que j'avais faite précédemment ; mais le Sieur *Verret*, sans tenir aucun compte des motifs de mon refus, ordonna insolemment aux deux gendarmes *de me traîner de vive force* à l'Hôtel de la Préfecture. Révolté d'un pareil ordre donné contre un Colonel, contre un français voyageant sous la protection des lois, décidé d'ailleurs à ne pas mollir, je laissai le Sieur *Verret* maître absolu d'employer la force dont il me menaçait. Mon ton et l'assurance de mon maintien me préservèrent seuls de l'insulte qu'on voulait me faire : le Sieur *Verret* sortit de l'appartement en m'annonçant qu'il allait se pourvoir de l'ordre que je ne cessais d'exiger. Il rentra trois-quarts d'heure après, et m'interpella de motiver mon refus de le suivre chez Mr. le Préfet, dans un procès-verbal qu'il se mit à dresser. Je lui déduisis mes motifs, et lui témoignai le désir de connaître ce que Mr. le Préfet pouvait me vouloir. Sachant alors qu'il n'était question que de visiter *mes papiers*, je remis sur-le-champ mon passe-port au Sieur *Verret*, non sans manifester ma surprise sur les formes plus qu'acerbes dont on faisait usage pour prendre lecture *de mes papiers*. Cependant le Sieur *Verret* ne cessait point de verbaliser. Sommé de déclarer si je signerais son procès-verbal, je lui répondis que je le ferais volontiers, pourvu qu'il m'en laissât copie signée de lui. Le Sieur *Verret* ne jugea pas à propos de souscrire à la condition que je venais de mettre à ma signature ; de sorte qu'il plia son procès-verbal tel quel ; il se retira emportant mon passe-port, et me délivra enfin de la surveillance des deux Gendarmes. Le lendemain, 11 novembre, je fus rendre ma visite à Mr. le Commissaire de Police, qui visa mon passe-port pour retourner à Marseille.

Tel est, Monsieur l'Éditeur, le récit *exact* des vexations que j'ai souffert à Nîmes, dans la journée du 10 novembre, de la part d'un Fonctionnaire public agissant au nom de M. le Préfet. Si je ne me trompe, *la liberté in-*

dividuelle, promise à tous les français par l'art.e 4 de la Charte et par la loi du 12 février 1817, est d'un prix bien mince dans le chef-lieu du département du Gard, puisque le Citoyen qui l'invoque en sa faveur, se voit menacé d'être traîné de son domicile à l'Hôtel de la Préfecture, par cette même force armée, préposée au nom de la loi, pour l'assurer et la défendre contre le caprice et l'arbitraire. Vraisemblablement encore, l'article 114 du Code pénal n'a point force de loi dans les bureaux supérieurs de la police de Nîmes, puisque ses agens ont bravé avec effronterie la peine de la dégradation civique, prononcée par cet article, contre tout *Fonctionnaire public, Agent ou Préposé du Gouvernement, qui aura ORDONNÉ ou fait quelque acte arbitraire et attentatoire, soit à la liberté individuelle..... soit à la Charte*; car, s'il en était autrement, le Sieur *Verret* se serait-il permis de me tenir en *charte privée* pendant trois heures? Aurait-il osé se charger d'un ordre verbal qui me privait momentanément de ma liberté, et qui me mettait provisoirement sous la surveillance de deux Gendarmes? Aurait-il osé, enfin, me menacer de m'enlever de mon domicile et de me faire traîner de vive force à travers les rues d'une cité populeuse, jusques dans le cabinet de de Mr. le Préfet? Non, sans doute. Le sieur *Verret* doit savoir, et quoiqu'il ait paru l'avoir un instant oublié, je suis certain qu'il le sait, que hors le cas de flagrant-délit, et quelques autres cas prévus par le code d'instruction criminelle, dont aucun ne m'était applicable, la loi lui défend d'arrêter un Citoyen. Certes, le désir de Monsieur le Préfet de lire *mes papiers*, n'est point aux yeux de la loi, et n'a pu être par conséquent aux yeux du Sieur *Verret*, un motif suffisant de violer la Charte et de porter atteinte à nos garanties constitutionnelles. Le Sieur *Verret*, tout comme le Magistrat au nom duquel il a prétendu agir, sont donc coupables d'un acte arbitraire : et envers qui cet acte a-t-il été commis ?... Envers un Citoyen muni d'un passe-port en règle, voyageant sous la protection des lois ; de ces lois qui, au nom de S. M., invitent les Autorités civiles et militaires à lui prêter *aide et protection*, en cas de besoin ; envers un officier français couvert de blessures reçues au champ d'honneur ; envers un Colonel que les cent jours ont vu, fidèle à ses sermens, prodigue de sa vie et de sa fortune, combattre et vaincre sous les nobles drapeaux DU HÉROS DU MIDI. Que s'il était possible de croire que ce sont ces mêmes titres à de justes récompenses qui m'ont valu les vexations dont je me plains, mieux vaudrait-il dans ce cas que mes persécuteurs, quels qu'ils soient, proclamassent hautement, que si, en théorie, la Charte protège indistinctement tous les français, ses bienfaits ne doivent s'étendre dans la pratique, que jusqu'à ceux dont la fidélité viagère disparaît et s'éteint à chaque changement de maître. Alors, au moins, je saurais à quoi m'en tenir; et le Royaliste qui veut vivre et mourir dans le giron de la légitimité, prendrait le parti de ne point voyager hors de son département, ou celui peut-être plus sage de fuir une terre inhospitalière, où, pour prix d'un dévouement sans bornes à la cause sacrée des Fils de Saint-Louis, il ne doit désormais recueillir qu'humiliations, injustices et outrages. Eh! comment, sans cette distinction, vers laquelle je me sens entraîné malgré moi, expliquer la surveillance active et inconstitutionnelle, à laquelle je me vois soumis depuis trois ans ? Arrêté à Paris, le 20 novembre 1816, à raison d'une querelle qu'on m'avait fait susciter au Palais royal, n'ai-je pas subi dans cette ville une détention arbitraire d'un mois et huit jours, dont douze à la Force et vingt-huit dans les prisons de la Préfecture de Police ? Comment expliquer encore, si la persécution contre les Royalistes n'était pas un fait démontré, pourquoi *forcé* de quitter Paris dans les *trois jours* de mon élargissement ; l'on me *fit prendre* un nouveau passe-port, tandis que le mien, *non-périmé*, était déposé à la Préfecture de police ? Pourquoi ce nouveau passe-port, daté du 26 décembre 1816, registre 3, n.° 8892, me *déclare faussement* natif de Nîmes, département du Gard, lorsque mon premier passe-port, d'accord avec mon acte de naissance, me dit né à Grenoble, département de l'Isère ? Ce fut cependant à cause de cette altération matérielle, que je faillis être arrêté à Lyon, et plus tard à Avignon, par ordre du trop fameux Senneville.

Le 21 Juillet 1817, n'est-ce pas encore au refus que fit la gendarmerie de Tarascon de se saisir de ma personne sans un ordre écrit, que j'ai dû pour la troisième fois mon salut et ma liberté ? Passant à Beaucaire le 26, Mr. d'Albos, lieutenant de gendarmerie, agissant au nom de Mr. le Préfet du Gard, ne me somma-t-il point de lui dire où j'allais; et sur ce que je lui répondis, que je me rendais à Nîmes, Mr. le Préfet ne fit-il pas mettre sur mon passeport le *visa* du Maire de Beaucaire, *avec ordre de ne rester à Nîmes que trois jours ?* Rentré à Marseille où j'ai fixé mon domicile, n'y ai-je pas été, et n'y suis-je pas encore, quoique d'une manière moins sensible, sous la surveillance immédiate de la Police ? Et cependant, où est le jugement qui m'inflige cette peine ? Il n'en existe point; et dès lors, celui qui l'a ordonnée, quelque haut qu'il soit placé sur l'échelle des dignités, heureusement *amovibles*, est un tyran, un ennemi déclaré de la Charte et de nos libertés, mille fois plus détestable sous un gouvernement représentatif, que ne l'est un *pacha* sous le despotisme oriental.... La session de 1818 va s'ouvrir : la tribune nationale va retentir pour la millième fois des cris de *liberté* et *d'indépendance*. Un nouveau serment d'obéissance à la Charte va être prêté ; les Ministres, eux - mêmes, je n'en excepte point celui de la police générale, vont faire sonner bien haut l'excellence de nos constitutions. *La liberté individuelle* sera de nouveau proclamée, l'arbitraire proscrit, les lois d'exception flétries. Mais qu'on y prenne garde : ce ne sont poiut des orateurs diserts, des phrases *libérales*, des périodes arrondies que demandent les bons français. Ce sont des actions, de bonnes lois qui les défendent contre l'arbitraire d'un Commissaire de police, d'un Préfet et même d'un Ministre ; des lois, enfin, qu'on ne puisse enfreindre, au moins impunément. Sans cela, dupes de nos jongleurs politiques, de nos charlatans de *libéralisme*, nous remonterons insensiblement le fleuve de la révolution, et le monde sait quels débris surnagent encore à sa surface ! Quant à moi que poursuivent à outrange les ennemis que m'ont faits la fidélité à mes serments et l'énergie que j'ai mis à contenir les rebelles du midi, je n'en serai pas moins bon royaliste et sujet soumis. La haine de *parti* n'a rien qui m'effraye ; mais je me demande avec un sentiment bien douloureux si c'est en persécutant les amis du trône, qu'on se promet L'UNION et L'OUBLI dont leurs oreilles sont étourdies, depuis qu'on ne néglige rien pour exciter les ressentissemens et réveiller leurs souvenirs?

LE COLONEL MAGNIER.

Officier de l'Ordre Royal de la Légion-d'Honneur.

RAPPORT

SUR LE JUGEMENT DU PROCÈS DE M.r LE COLONEL MAGNIER, Officier de l'Ordre Royal de la Légion-d'Honneur.

Marseille, le 22 Juin 1816.

LE conseil de guerre permanent, séant à Marseille, vient de s'occuper de la décision d'une affaire qui a excité l'intérêt public; c'est le jugement du procès de Monsieur le Colonel *Magnier*, Officier de la Légion d'Honneur, détenu depuis 9 mois dans les prisons du palais de justice de cette ville. Cet officier supérieur qui avait voué à Bonaparte une haine éternelle était en retraite dans le Comtat d'Avignon lorsque l'usurpateur débarqua à Antibes : il prit aussi-tôt du service pour le combattre, il eût le commandément d'un bataillon dans l'armée de provence de S. A. R. Mgr. le Duc d'Angoulême, et le premier à prendre les armes, il fut le dernier à les rendre.

La capitulation du Prince ayant été violée par Grouchy, commandant de Bonaparte, le colonel *Magnier* qui avait cessé les hostilités, les recommença pour enlever de force la personne du Prince ou périr à la tête des braves qui partageaient ses sentimens. Aussi S. A. R. lui envoya-t-elle cet ordre: *Allez dire au fidèle Magnier de maintenir notre parole donnée, alors même que nos ennemis respectent si peu la leur.* Paroles sublimes !

Après le départ du Prince, son armée fut dissoute et chacun rentra dans ses foyers, le colonel *Magnier* fut le seul poursuivi par le parti de Bonaparte : son signalement fut donné ; et quelque précaution qu'il prit, il fut arrêté à Orgon, et traduit dans les cachots du Château-d'If où il est resté enfermé jusqu'au jour heureux où l'on apprit à Marseille le triomphe de la cause royale. Les fidèles Marseillais s'empressèrent d'aller rompre les fers du Colonel *Magnier*, un peuple immense le reçut sur le quai du Port, aux cris de *vive le Roi.*

Le Colonel *Magnier* se rend de suite chez Mr. le comte de Loverdo, alors commissaire du Roi en cette ville, pour y recevoir ses ordres ; il est aussi-tôt chargé de la mission la plus importante, celle de soumettre les rebelles du Gard, qui réunis aux efforts de Gilly et de Cassan menaçaient d'envahir toute la Provence, en fesant leur jonction avec Brune, qui avait centralisé ses forces dans Toulon ; ce qui eût encore ébranlé la France entière. Le colonel *Magnier* fut envoyé dans le 3.e arrondissement avec des ordres illimités. Il organisa dans peu de jours un corps d'armée ; mais étant parti sans fonds, et en ayant demandé plusieurs fois à ses chefs sans en recevoir, il eut recours à des réquisitions qu'il fit peser sur les plus riches Bonapartistes de la ville d'Arles. Cette mesure qui ne fut point improuvée, lui a créé pour ennemis tous ceux qui ont été compris dans ces réquisitions. Car, la passion est à son comble, lorsque l'opinion politique est en même tems alliée à l'intérêt pécuniaire. Dans le petit nombre de ses ennemis, on a vu figurer un fonctionnaire public qui a prêté la main à des actes réprouvés par toutes les lois de la morale et de l'honneur. Des plaintes ont été formées secrétement par les réquisitionnaires ; ces plaintes ont été appuyées par le Sous-Préfet, et quoique procédant toutes de la part d'individus ayant professé ouvertement des principes contraires au Gouvernement Royal, elles ont été accueillies, et le fidèle Colonel *Magnier* a été incarcéré, prévenu de plusieurs chefs d'accusation, dont la fausseté a été démontrée, et notamment d'avoir détourné à son profit, une partie des réquisitions qu'il avait été obligé de faire pour l'entretien de son armée.

Il était depuis 4 mois dans les fers, lorsque le Ministre de la guerre donna l'ordre de le traduire devant un conseil de guerre; la procédure s'instruisit avec rigueur, on peut dire même avec méchanceté, car, après l'avoir prolongée pendant environ trois mois, on a été obligé de la remettre entre les mains d'un nouveau capitaine-rapporteur, M. de Mas, qui a mis dans cette nouvelle instruction, la dignité et l'impartialité qui font en même-tems l'éloge de la pûreté de son cœur et de la droiture de ses principes. Cette seconde instruction a duré jusques vers le 14 du mois courant.

Mr. le Lieutenant-général Baron de Damas a convoqué le conseil pour le 17; il a réuni dans cette convocation les officiers les plus distingués de la division, et qui ont prouvé dans cette affaire que les palmes de Mars se réunissent quelquefois à celles de Thémis. Il nous suffit de nommer les Membres du Conseil pour convaincre que nous ne donnons rien au hazard.

COMPOSITION DU CONSEIL.

MM.rs *Picard*, Colonel de gendarmerie, chevalier de St.-Louis, officier de la légion-d'honneur, président; *Barré*, Colonel de la légion du Var, chevalier de la légion-d'honneur; *de Colbert*, Marquis de Signelay, Colonel de la légion des Bouches-du-Rhône, chevalier de St.-Louis et de la légion-d'honneur; *de Sinetty*, chef de bataillon à la même légion; *Olivier*, capitaine *id.* chevalier de la légion-d'honneur; *Despanés*, chevalier de Malthe, capitaine à la même légion; *Reinoard*, lieutenant à la même légion; *Barthalier de Mas*, capitaine d'état-major, fesant les fonctions de rapporteur; *Imbert*, capitaine à la légion des Bouches-du-Rhône, fesant celles de procureur du Roi, et *Croze-Magnan*, greffier. Tous nommés par Mr. le lieutenant-général des armées du Roi, Baron de Damas, commandant la 8.e division militaire.

La première audience a été consacrée à la lecture des pièces où on a remarqué une lettre anonyme où l'on traite Mr. le Colonel Magnier de *sans-culotte de* 93, et son armée *de horde de brigands.* Cette lettre anonyme avait cependant été adressée à Mr. le Préfet des Bouches-du-Rhône, comme étant très exacte, par Mr. le Sous-Préfet de Tarascon, Mr. de Bareme.

La séance du 18 a été employée à l'audition des témoins parmi lesquels on a remarqué les Maires de toutes les communes où avait séjourné Mr. le Colonel Magnier, les commandans des gardes nationales du

3.e arrondissement, Mr. le Comte de Laudun, tous ces témoins, au nombre d'une trentaine, à l'exception de deux ou trois ennemis du colonel Magnier, et même les témoins à charge, ont terminé leur déposition en proclamant Mr. le Colonel Magnier, *le sauveur du midi*; à 6 heures de relevée la séance fut renvoyée au lendemain. Le Colonel fut reconduit dans les prisons, mais à peine fut-il hors de l'audience, qu'une foule de personnes qui se pressaient au-tour de son passage, l'accueillirent aux cris de *vive le Roi! vive le Colonel.*

Le 19, Mr. de Mas, capitaine-rapporteur a résumé l'affaire avec une méthode et une précision qui n'ont rien laissé à désirer. Il a conclu d'une manière favorable à l'accusé. Ce dernier a pris la parole après M. le capitaine-rapporteur, et a fait, en peu de mots, avec la plus grande franchise, le narré de sa conduite; chaque fait qu'il citait avait sa pièce à l'appui; il a terminé, en annonçant au Conseil que M.e Massol-d'André, avocat, son défenseur, acheverait de le convaincre de son innocence.

Après un exorde pompeux et analogue à la circonstance, l'orateur, que son jeune âge nous permettrait d'appeler débutant, s'il n'avait fait preuve dans son plaidoyer des connaissances les plus approfondies, réunies à une diction pure et agréable, a discuté avec méthode les divers chefs-d'accusation, dont il a prouvé la fausseté. Son discours a été, à plusieurs reprises, interrompu par des signes d'approbation, et plusieurs fois Mr. le Président a été obligé de rappeler à l'ordre le public. Enfin, il a terminé la discussion par une péroraison heureuse que nous nous fesons un plaisir de trancrire parce que, malgré les défenses les plus sévères de Mr. le Président, elle a été couverte d'applaudissemens par tout l'auditoire.

« Colonel Magnier, a-t-il dit, le jour de » votre jugement va être pour vous un nou- » veau jour de triomphe. Les Royalistes du » Gard et des Bouches-du-Rhône vous doi- » vent le succès de leurs armes, ils l'ont » publiquement proclamé ; leur reconnais- » sance ne s'éteindra qu'avec leur vie, et les » royalistes ne sont jamais parjures. Hier » vous avez été accueilli par les acclama- » tions réitérées de vive le Colonel, mêlées » à celles de vive le Roi ; le peuple a de-

» mandé à grands cris votre liberté; la voix » du peuple est là voix de Dieu : le Conseil » n'en aura pas d'autre. »

Après un plaidoyer de 5 heures et demie, la continuation des débats a été renvoyée au lendemain 20.

A cette audience, Mr. le capitaine-rapporteur a modifié ses conclusions de la veille sur la partie des frais qu'il avait cru devoir être à la charge de l'accusé et il a prouvé, en revenant de son opinion, qu'il réunit les qualités essentielles d'un bon Magistrat qui cède toujours à la justice.

M.e Massol-d'André a demandé encore la parole pour faire quelques observations dans l'intérêt de l'accusé, et notamment il a prié Mr. le Président du Conseil de faire demander aux témoins à charge qui s'étaient fait des réserves dans leurs dépositions, de déclarer s'il y en avait parmi eux, ou toutes autres personnes, qui voulussent *se porter parties civiles.* Cette réquisition a été faite à haute voix par Mr. le capitaine-rapporteur : pas un seul n'a réclamé.

Le défenseur a demandé dans ce cas que toutes les réserves et protestations fussent annulées.

« Enfin, a-t-il dit, je crois avoir con-
» vaincu le Conseil de l'innocence de l'ac-
» cusé; je crois avoir justifié que bien loin
» d'avoir détourné à son profit, les moin-
» dres sommes provenant des réquisitions, il
» est, au contraire, reconnu qu'il est en
» avance de ses propres deniers; mais si,
» contre mon attente, le Conseil pouvait en-
» core le croire reliquataire; si en cette qua-
» lité il croyait, contre toutes lès lois, de-
» voir le retenir dans les fers jusqu'au paie-
» ment du reliquat; s'il croyait ne pouvoir
» pas s'en rapporter aux garanties d'honneur
» que j'ai offertes dans son intérêt, je dé-
» clare au Conseil que je me rends sa caution
» sur ma personne et mes biens; après lui
» avoir consacré mes veilles, il ne me reste
» plus que cette dernière consolation. » —
Ce trait a produit le plus vif intérêt dans l'assemblée, et honore le corps des avocats, toujours dévoué à la défense de ceux qui ont embrassé la bonne cause.

Les juges se sont retirés pour délibérer. Après une longue discussion, ils sont rentrés dans la salle d'audience, et M. le président a prononcé, avec la plus vive émotion, le jugement, ainsi conçu:

M. Jn.-Bte.-Pierre Magnier, accusé d'avoir détourné à son profit une partie du montant des réquisitions qu'il avait frappé dans le 3.e arrondissement des Bouches-du-Rhône, pendant la durée de son commandement, est-il coupable ?

Les voix recueillies, le deuxième conseil de guerre permanent déclare, à l'unanimité, qu'il n'est pas coupable.

Ledit conseil étant incompétent pour arrêter les comptes de cet officier supérieur, en laisse le droit à qui il appartiendra ; déclare nulles et comme non avenues les réserves et protestations de divers témoins contre le prévenu, et ordonne qu'il sera mis sur-le-champ en liberté.

Mr. le Président a permis à l'auditoire d'épancher sa joie, en criant le premier *vive le Roi*. Ce cri a été vivement répété : on y a joint ceux de vive le Conseil, vive le Président, vive le Défenseur.

Plusieurs milliers de personnes se sont portées au palais pour assister à la sortie du Colonel, qui devait avoir lieu de suite, attendu que Mr. le procureur du Roi a déclaré ne pas se pourvoir en révision.

A peine a-t-il été à la porte, que des

cris de vive le Colonel se sont répétés avec ardeur ; tout le monde se pressait au-tour de lui pour l'embrasser : c'était vraiment une scène attendrissante.

Touché de ce spectacle, le Colonel a fait signe à la foule immense, et le plus profond silence a succédé aux cris de vive le Roi ; vive le Colonel.

« Mes amis, leur a-t-il dit, je viens de subir une détention de dix mois que j'étais loin de mériter, ne craignez pas que j'en aime moins notre Roi ; ses ennemis sont la cause de mon malheur, mais s'ils bronchent encore, comptez toujours sur mon épée.... ».

On ne saurait rendre combien ces paroles, exprimées avec une franchise militaire, ont attendri tous ceux qui étaient présens.

Enfin, le Colonel s'est rendu à l'hôtel Beauvau, et jusqu'à la porte, il a été accompagné par les mêmes marques d'enthousiasme.

Quel est l'accusé qui sort aussi glorieux d'un jugement !....

Il serait bien à désirer pour la France, qu'un officier supérieur aussi distingué par ses services militaires que par son amour inviolable pour l'auguste famille des Bourbons, fut mieux récompensé de son dévoûment, qu'il ne l'a été jusqu'à présent.

A. R.;

Officier des ex-Lanciers-Royaux.

www.ingramcontent.com/pod-product-compliance
Ingram Content Group UK Ltd.
Pitfield, Milton Keynes, MK11 3LW, UK
UKHW021110290826
14628UKWH00014B/1563

9 782011 750853